www.ingramcontent.com/pod-product-compliance
Lightning Source LLC
Chambersburg PA
CBHW070113230526
45472CB00004B/1232
9781720135500